Impressum
Verlag: BABADADA GmbH, Nedderfeld 112 , 22529 Hamburg
Geschäftsführer / Verlagsleitung: Harald Hof
Druck: Books on Demand GmbH, In de Tarpen 42, 22848 Norderstedt

Imprint
Publisher: BABADADA GmbH, Nedderfeld 112 , 22529 Hamburg, Germany
Managing Director / Publishing direction: Harald Hof
Print: Books on Demand GmbH, In de Tarpen 42, 22848 Norderstedt

school

دبستان

classroom
divide
پارکرن
186/2
board
هەوشا دبستانێ
teacher
paper
write
نڤیساندن
pen
desk
ماسە
ruler
راستەک
book
پرتووک
pupil

satchel
چەوال

pencil case
قووتی نڤیستۆک

pencil
قەلەمرساس

pencil sharpener
نڤیستۆک تووژکر

rubber
ژێبر

drawing pad
نڤیسکا نیگارێ

drawing

نیگار

paintbrush

فرچەیا رەنگێ

paint box

قووتی رەنگ

scissors

مەقەس

glue

لەزاق

exercise book

پرتووکا فێربوون

homework

وەزیفا مالێ

number

هەژمار

add

زێدەکرن

subtract

دەرخستن

multiply

زێدەکرن

calculate

هەسباندن

letter

تیپ

alphabet

ئالفابە

word

پەیڤ

text
....
نڤیسێ

read
....
خواندن

chalk
....
گەچ

lesson
....
دەرس

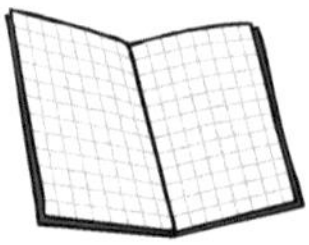

register
....
قەیدکرن

exam
....
ئیمتیهان

certificate
....
شەهادە

school uniform
....
کنجا دبستانێ

education
....
پەروەردەهی

encyclopedia
....
زانستنامە

university
....
زانینگە

microscope
....
میکرۆسکووپ

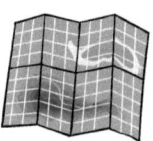

map
....
خەریتە

waste-paper basket
....
سەپەتا کاخەزێ

hotel
مێڤانخانە
hostel
مێڤانخانە
ROOMS
bureau de change
ئۆفیسا پەرە ڤەگوهارتنێ
CHANGE
car
ماشین

language

زمان

yes / no

بەلێ / نا

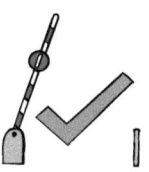

Okay

باش

hello

سلاڤ

translator

وەرگێرا نڤیسکی

Thank you

سپاس

how much is...?
....
بهایێ ... چ قاسە؟

I do not understand
....
ئەز فام ناکم

problem
....
ئاریشە

Good evening!
....
ئێڤار باش!

Good morning!
....
سپێدی باش!

Good night!
....
شەڤ باش!

bye bye
....
خاترێ تە

direction
....
ئالی

luggage
....
هوورموور

bag
....
چەنتە

backpack
....
چەنتە پشت

guest
....
مێڤان

room
....
ئۆدە

sleeping bag
....
جامە خەو

tent
....
چادر

tourist information

ئاگاگیێن گمرۆکان

beach

رەخێ ئاڤێ

credit card

کارتێ قەرزێ

breakfast

تاشتێ

lunch

فراڤین

dinner

شیڤ

ticket

کارت

lift

ئاسانسۆر

stamp

پوول

border

تخووب

customs

گومرک

embassy

بالیۆزخانە

visa

ڤیزا

passport

پاساپۆرت

transport

گوهازتن

aeroplane
ship
گەمی
fire engine
ئەرەبە ئاگرکوژ
bus
ئۆتۆبووس
truck
کامیۆن
motorboat
پاپۆرا ماتۆری
bike
دوچەرخە
car
ماشین

ferry

پاپۆر

boat

پاپۆر

motorbike

مۆتۆرسیکلێت

police car

ترمبێلا پۆلیسێ

racing car

ترمبێلا پێشبازیێ

rental car

ئەرەبە کرێکرنێ

car sharing
....
ماشین پەرڤەکرن

breakdown truck
....
کامیۆنا کشاندنێ

refuse truck
....
کامیۆنا خوەلی

motor
....
مۆتۆرسیکلێت

fuel
....
مازۆت

petrol station
....
ئیستەگەها بەنزینێ

traffic sign
....
تابلۆیا ترافیکێ

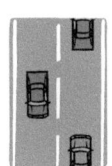

traffic
....
هاتنووچوون

traffic jam
....
ترافیک

car park
....
جهێ پارکێ

train station
....
راوەستەکا ترێنێ

tracks
....
رێچ

train
....
ترێن

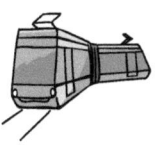

tram
....
ترێنێ کۆلانێ

carriage
....
ئەرەبە

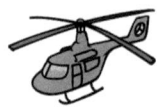

helicopter

بابرۆک

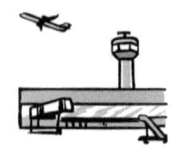

airport

بالافرگمه

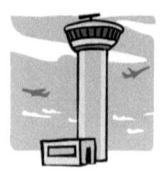

tower

برج

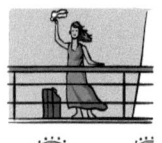

passenger

مسافر

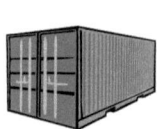

container

قووتی

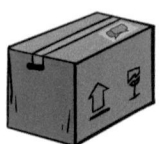

carton

قووتی

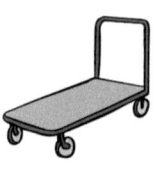

cart

گرگرۆک

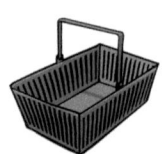

basket

سەلک

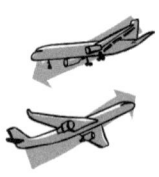

take off / land

رابوون / نیشتن

city

باژار

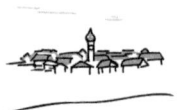

village

گوند

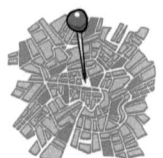

city centre

ناڤەندا باژارێ

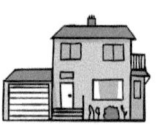

house

خانی

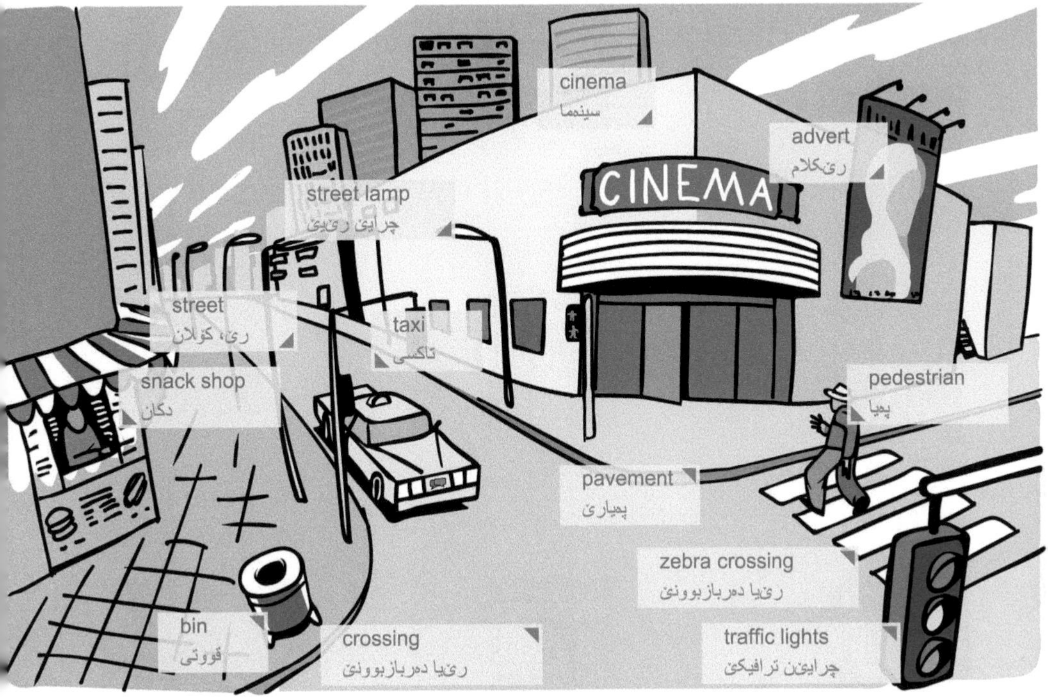
CINEMA
cinema
سینەما
advert
ڕێکلام
street lamp
چرایی ڕێیی
street
ڕێ، کۆلان
taxi
تاکسی
snack shop
دکان
pedestrian
پەیا
pavement
پەیارێ
zebra crossing
ڕێیا دەربازبوونێ
bin
قوتی
crossing
ڕێیا دەربازبوونێ
traffic lights
چرایێن ترافیکێ

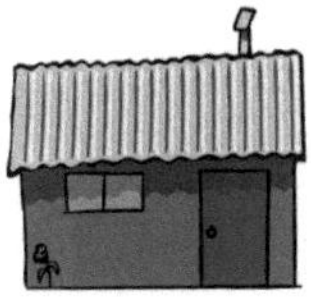

hut

کوخ

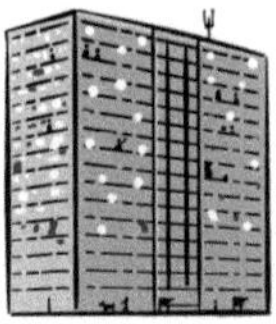

flat

خانی

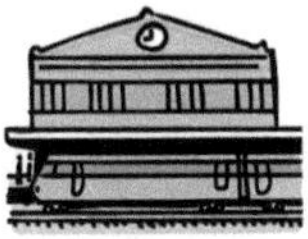

train station

راوەستگەها ترێنێ

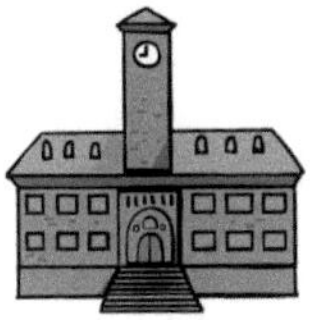

town hall

تەلارا شارەڤانی

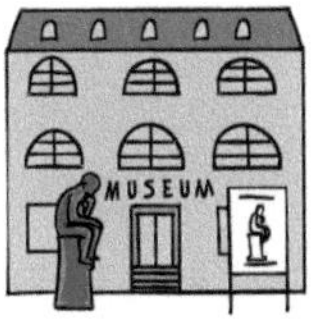
MUSEUM

museum

مووزەخانە

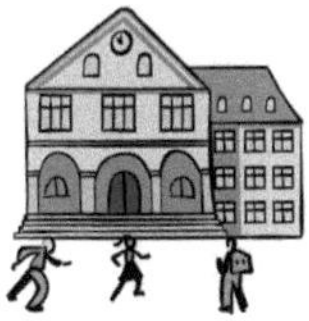

school

دبستان

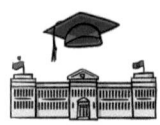

university

زانینگە

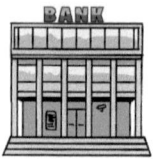

bank

بانک

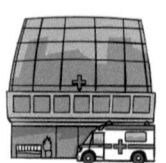

hospital

نەخوەشخانە

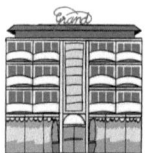

hotel

مێڤانخانە

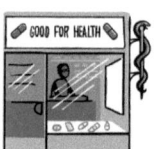

pharmacy

دەرمانخانە

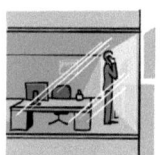

office

ئوفیس

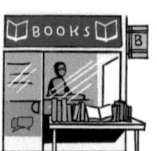

book shop

کتێبفرۆشی

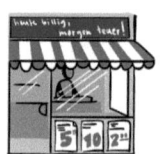

shop

دکان

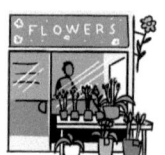

florist's

گولفرۆش

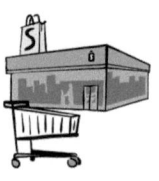

supermarket

بازار

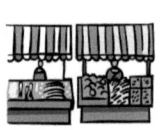

market

بازار

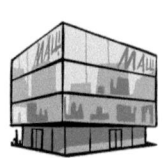

department store

سوپەرمارکەت

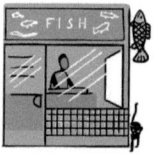

fishmonger's

ماسیفرۆش

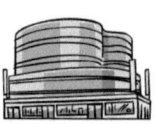

shopping centre

ناڤندا کرین

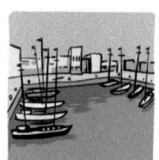

harbour

بەندەر

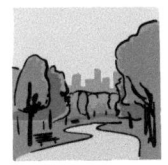

park

پارک

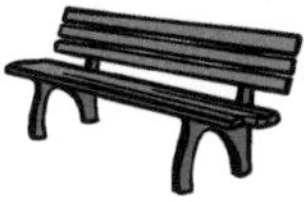

bench

سەکوو

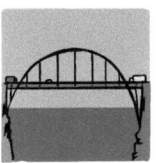

bridge

پر

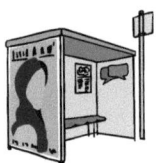

stairs

دەرنجە

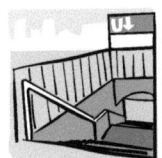

underground

ژێر ئەردی

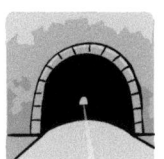

tunnel

توننەل

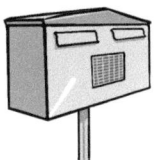

bus stop

ئیستگەها ئۆتۆبووس

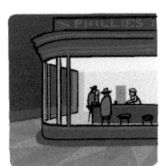

bar

بار

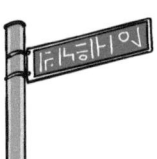

restaurant

خوارنگەه

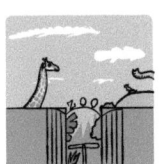

postbox

سندووقا پۆستێ

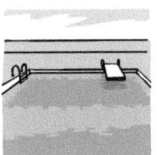

street sign

نیشاندەرکا رێیێ

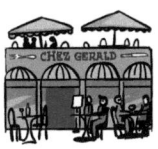

parking meter

مەترا پارکینگێ

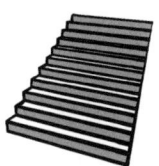

zoo

باخچا هەیوانان

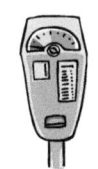

swimming pool

هەوزا مەلەڤانێ

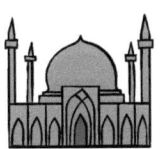

mosque

مزگەفت

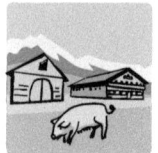

farm

جۆتگەه

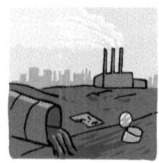

pollution

لەوتاندنا دەردۆر

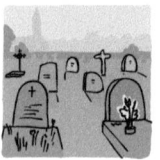

graveyard

گۆرستان

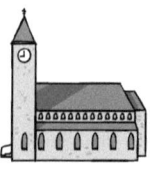

church

کەنیسە

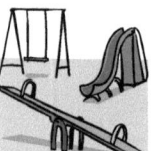

playground

ئەردێ لەیستنێ

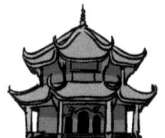

temple

پەرستگەه

landscape

تەبیەت

signpost
نیشاندەرکا ڕێ
way
meadow
مێرگ
stone
hiker
گەرۆک
tree
دار
river
چەم
grass
گیا
flower
کولیلک

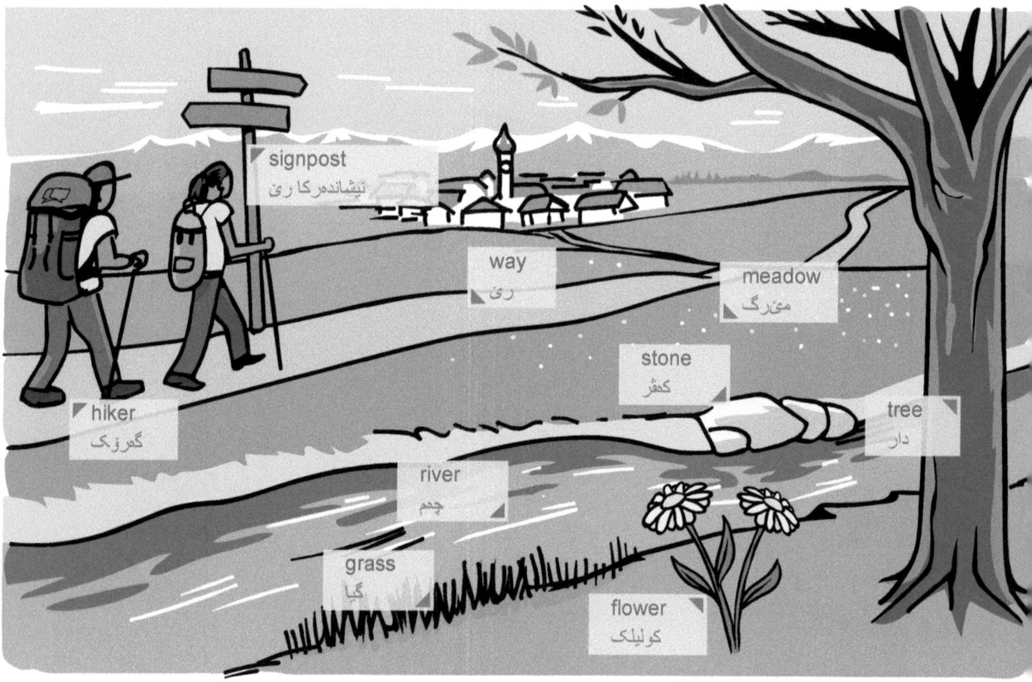

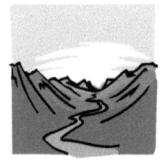

valley

دۆل

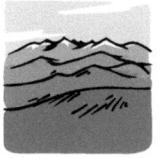

hill

گر

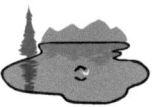

lake

گۆل

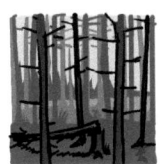

forest

دارستان

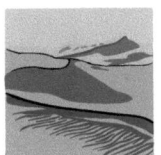

desert

بەیابان

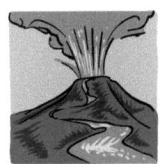

volcano

ڤولکان

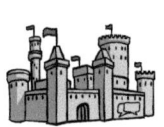

castle

کەلمە

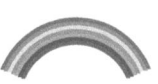

rainbow

کەسکەسۆر

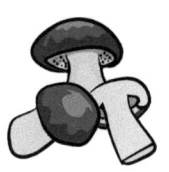

mushroom

کڤارک

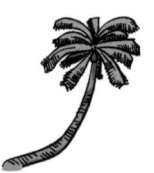

palm tree

دارقەسپ

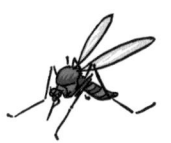

mosquito

مخمخک

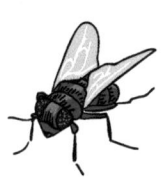

fly

مێش

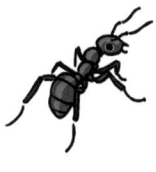

ant

مێری

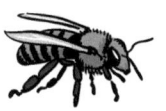

bee

هنگ

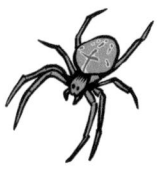

spider

پیری

beetle

....

کێزک

frog

....

بەق

squirrel

....

سهۆر

hedgehog

....

ژیژۆک

hare

....

کەرگوە

owl

....

پەپووک

bird

....

چڤیک

swan

....

قوو

boar

....

بەرازێ کۆڤی

deer

....

پەزکۆڤی

moose

....

پەزکۆڤی

dam

....

بەنداڤ

wind turbine

....

تووربینا با

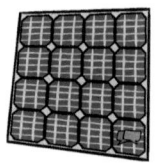

solar panel

....

پانەلا خۆرێ

climate

....

ئاڤ و هەوا

restaurant
خوارنگەه

waiter
بەرکار
menu
chair
کورسی
soup
شۆربە
pizza
پیزا
tablecloth
سفرە
cutlery
چەتەل و چەمچک

starter

خوارنا دەستپێک

main course

خوارنا سەرەکی

dessert

شیرانی

drinks

ڤەخوارنان

food

خوارن

bottle

جام

fast food

خوارنا لەز

street food

خوارنا رێیێ

teapot

چایدانک

sugar bowl

قووتی شەکرێ

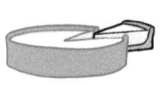

portion

بەش

espresso machine

مەکینا چێکرنێ ئەسپرەسسۆ

high chair

کورسیا بلیند

bill

هەساب

tray

سێنی

knife

کێر

fork

چەتەل

spoon

کەڤچی

teaspoon

کەڤچیا چای

serviette

پێشگر

glass

قەدەه

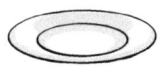

plate

تەیفک

soup plate

تەیفکا شۆربە

saucer

پیالە

sauce

چێنج

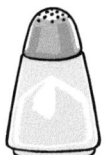

salt pot

خوێدانک

pepper mill

قووتی بیبار

vinegar

سێک

oil

روون

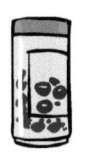

spices

بهارات

ketchup

کەتچاپ

mustard

موستارد

mayonnaise

مایۆنێز

supermarket

بازار

special offer
پێشکێشێن تایبەت
customer
مشتەری
FOR
dairy
fruit
trolley

butcher´s

قەسابی

baker´s

دکانا نانپێژ

weigh

وەزن کرن

vegetables

سەبزە

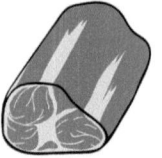

meat

گۆشت

frozen food

خوارنێ جەمەدی

cold meat

....

گۆشتێ سار

tinned food

....

خوارنا پیلێ

washing powder

....

خوبارێ پاقژکرنێ

sweets

....

شرینی

household products

....

بەرهەمێن ناڤخوەیی

cleaning products

....

بەرهەمێن پاقژکرنێ

salesperson

....

فرۆشیار

till

....

خەزنۆک

cashier

....

دراڤگر

shopping list

....

لیستا کڕینێ

opening hours

....

دەمێن ڤەکری

wallet

....

جزدان

credit card

....

کارتێ قەرزێ

bag

....

چەوال

plastic bag

....

چەنتە

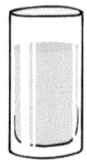

drinks

ڤەخوارنان

water

ئاڤ

juice

شەربەت

milk

شیر

coke

کۆمر

wine

شەراب

beer

بیرا

alcohol

ئالکۆل

cocoa

کاکۆ

tea

چای

coffee

قەهوە

espresso

ئەسپرەسسۆ

cappuccino

کاپۆچینۆ

banana

مۆز

apple

سێڤ

orange

پرتەقالی

melon

گوندۆر

lemon

لیمۆن

carrot

گێزەر

garlic

سیر

bamboo

قامر

onion

پیڤاز

mushroom

قارچک

nuts

گەویز

noodles

شەهیرە

spaghetti
....
سپاگێتتی

rice
....
برنج

salad
....
سەلەتە

chips
....
چیپس

fried potatoes
....
پەتەتەیا براشتی

pizza
....
پیزا

hamburger
....
هامبورگەر

sandwich
....
نانۆک

cutlet
....
گۆشتێ ستوویێ بەرخی

ham
....
گۆشتێ هشککری

salami
....
سالامێ

sausage
....
سۆسیس

chicken
....
مریشک

roast
....
بژارتن

fish
....
ماسی

24

food - خوارن

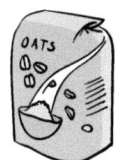

porridge oats

....

شۆربە بلوول

muesli

....

مووسلی

cornflakes

....

کەرتێن گلگلان

flour

....

نارد

croissant

....

جرۆسسانت

bread roll

....

سەموون

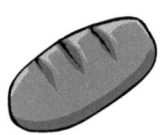

bread

....

نان

toast

....

تۆست

biscuits

....

نانک

butter

....

نڤیشک

curd

....

ماست

cake

....

کولیچە

egg

....

هێک

fried egg

....

هێکا قەلاندی

cheese

....

پەنیر

ice cream

....

دۆندرمە

sugar

....

شەکر

honey

....

هنگڤ

jam

....

مرەبا

chocolate spread

....

خامەیا نۆوگات

curry

....

کوڕی

farm

جۆتگەه

goat

بزن

cow

چێلەک

calf

گۆلک

pig

بەراز

piglet

خنزیرک

bull

بۆخە

goose
....
قاز

duck
....
مراقی

chick
....
جووچک

hen
....
مریشک

cock
....
کەلەشێر

rat
....
جرج

cat
....
کتک

mouse
....
مشک

ox
....
گا

dog
....
کووچک

doghouse
....
خانیا کووچکێ

garden hose
....
خانی باخێ

watering can
....
قووتیکا ئاڤدانێ

scythe
....
شالووک

plough
....
گاسن

sickle
....
داس

hoe
....
مەربێ̆ڕ

pitchfork
....
دارساپک

axe
....
بڤر

wheelbarrow
....
دەستگەره

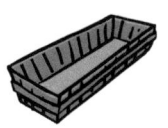

trough
....
قووتی خوارنا جانداران

milk can
....
قووتی شیر

sack
....
توور

fence
....
چەپەر

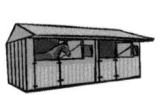

stable
....
ئاخور

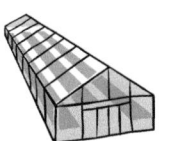

greenhouse
....
خانا کولیلکان

soil
....
ئاخ

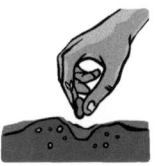

seed
....
دەندک

fertilizer
....
پەین

combine harvester
....
کۆمباین

harvest

زاد

harvest

زاد

yams

پەتەتە

wheat

گەنم

soy

فاسۆلی

potato

پەتەتە

corn

دەخل

rapeseed

دندک

fruit tree

دارێ فێکی

cassava

سێڤێ بن ئەردێ

cereals

زاد

house

خانی

living room

ئۆدا روونشتنێ

bathroom

هەمام

kitchen

مەتبەخ

bedroom

ئۆدا خەوێ

child's room

ئۆدەیا زارۆک

dining room

ئۆدا شیڤێ

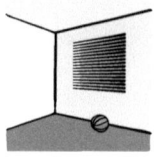

floor

....

بنی

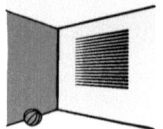

wall

....

دیوار

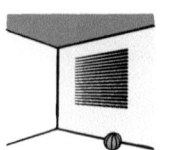

ceiling

....

بەربان

cellar

....

خەنزک

sauna

....

ساونا

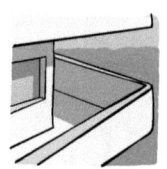

balcony

....

بالکۆن

terrace

....

بەردانک

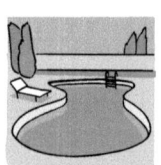

pool

....

هەوزا مەلەڤانی

lawn mower

....

چیمەن بڕ

sheet

....

مەلهەفە

bedspread

....

بەتانی

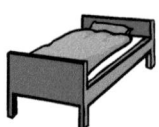

bed

....

نڤین

broom

....

گەزک

bucket

....

ساتل

switch

....

کلیل

living room

ئۆدا روونشتنێ

carpet

....

خاليچه

curtain

....

پەردە

table

....

مێز

chair

....

کورسی

rocking chair

....

کورسیا هەژانۆک

armchair

....

کورسی

book

....

پرتووک

blanket

....

بەتانی

decoration

....

خەملاندن

firewood

....

ئێزنگ

film

....

فیلم

hi-fi equipment

....

هـ-ف

key

....

کلیل

newspaper

....

رۆژنامە

painting

....

نیگار

poster

....

پۆستەر

radio

....

رادیۆ

notepad

....

دەفتەر

hoover

....

سڤنکا ئەلەکتریکی

cactus

....

کاکتووس

candle

....

مۆم

kitchen

مەتبەخ

fridge
microwave oven
toaster
ئاموورا نان گەرمکرنێ
detergent
پاگژکەر
oven
سۆبە
freezer
سارکەر
dishwasher
فراقشۆک

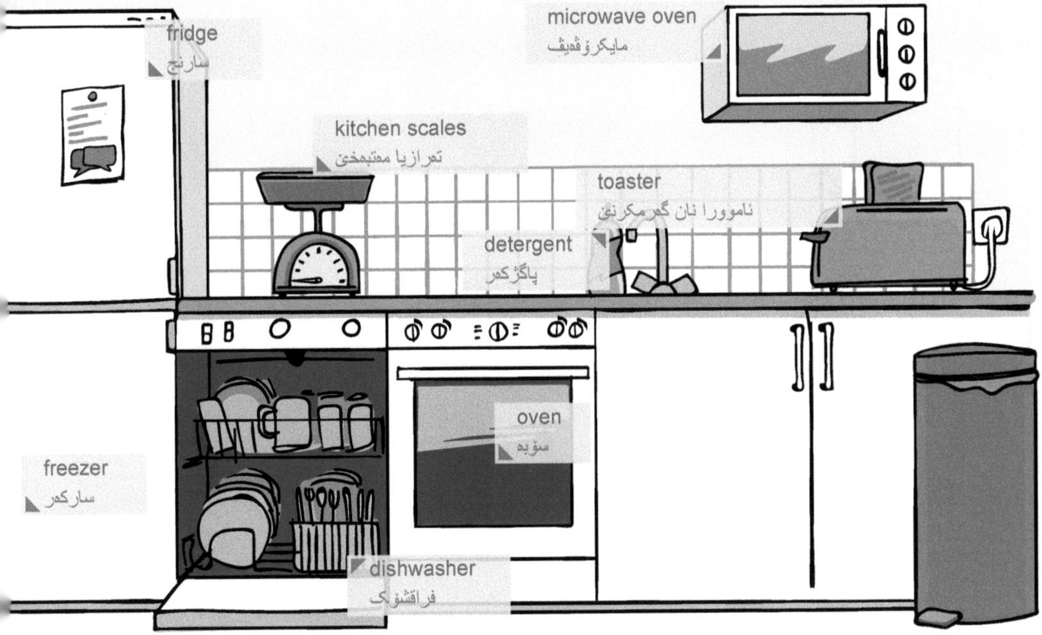

cooker

سۆبە

pot

ئامان

cast-iron pot

ئامای ئووتوو

wok / kadai

فراقێ مەزن

pan

دیزک

kettle

کەلینک

steamer

فراقێ هلمێ

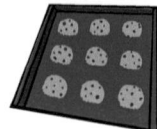

baking tray

سێنی نانێ

crockery

فراق

mug

پیاله

bowl

کاسک

chopsticks

دارێ نانخوارن

ladle

هەسک

spatula

کەفچیا مەزن

whisk

رینەک

strainer

کەفگیر

sieve

بێژنگ

grater

رێشکەر

mortar

دەستار

barbecue

براشتن

open fire

ئاگرێ ڤالا

chopping board

....

تەختەیا بڕینێ

rolling pin

....

دارکێ تیرێ

corkscrew

....

دەڤک بادەک

can

....

قووتی

can opener

....

قووتیڤەکر

pot holder

....

جاوێ ئامانان

sink

....

دەستشۆ

brush

....

فرچە

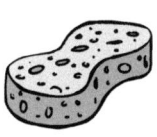

sponge

....

پارازۆا

blender

....

تەڤدێر

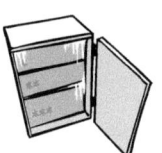

deep freezer

....

سارکەرێ جەمەدی

baby bottle

....

شووشە بەبکان

tap

....

هەنەفی

bathroom

هەمام

heating
گەرمژانک
towel
خاولی
bubble bath
کەفێ هەمام
shower
دووش
shower curtain
پەردەیا هەمامێ
bathtub
هەوزا هەمام
washing machine
جلشۆک
glass
tap
tiles
potty
توالەتا زارۆکان
sink
دەستشۆ

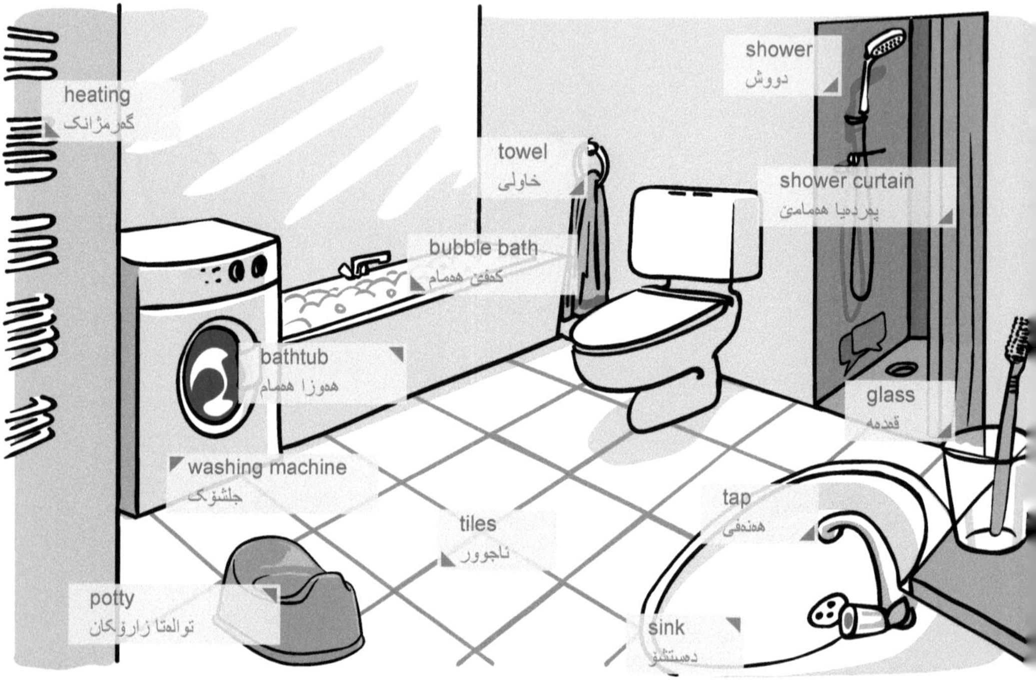

toilet

توالەت

squat toilet

توالەتا ئەردی

bidet

توالەت

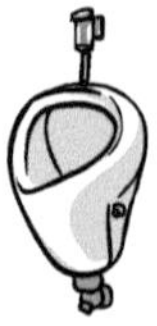

urinal

ئاڤدەستخانا مێزان

toilet paper

کاخەزا توالەت

toilet brush

فرشەیا توالەت

toothbrush

فرچەیا دران

toothpaste

مەجوونا دران

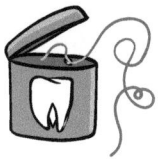

dental floss

نمخا ددان

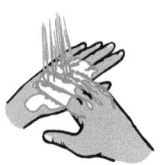

wash

شووشتن

handheld shower

دووشێ دەستێ

douche

دووش

basin

دەستشۆ

back brush

فرچا پشت

soap

سابوون

shower gel

جێلێ هەمام

shampoo

شامپۆ

flannel

فانیلە

drain

زێراب

cream

کرێم

deodorant

بێهن خوشکر

mirror

مرێک

hand mirror

مرێکا دەستێ

razor

گووزان

shaving foam

کەفێ تەراشینێ

aftershave

مەجوونا پشتی تەراشینێ

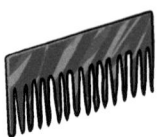

comb

شەه

brush

فرچە

hair dryer

پۆر هیشککر

hairspray

سپرایا پۆرێ

makeup

کۆزمەتیک

lipstick

سۆراڤک

nail varnish

رەنگێ نینۆک

cotton wool

پەمبو

nail scissors

مەقەستا نینۆک

perfume

پارفووم

washbag

چەوالێ هەمامێ

stool

کورسیا بێپشت

weighing scale

تەرازی

bathrobe

کنجا هەمامێ

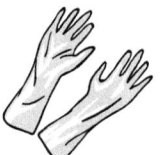

rubber gloves

لەپکا لاستیکێ

tampon

تامپۆن

sanitary towel

خاولیا پاقژکرنێ

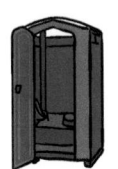

chemical toilet

توالەتا کیمییەوی

child's room

ئۆدەیا زارۆک

alarm clock
دەمژمێرک
cuddly toy
لیستۆک
toy car
ماشینا لیستۆک
rattle
خشخشۆک

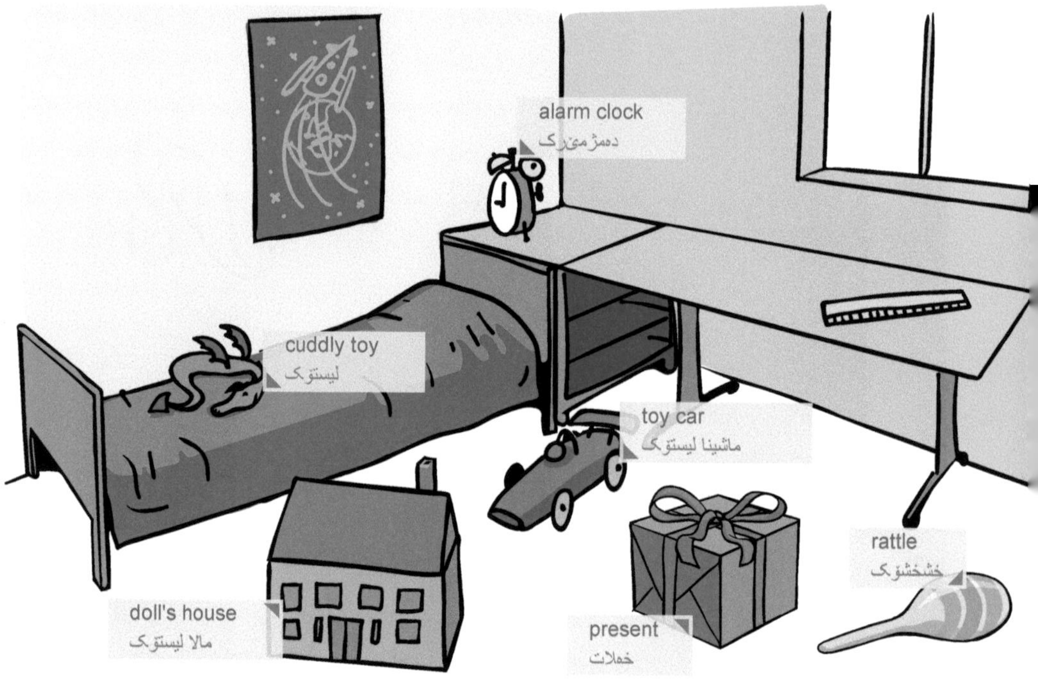

balloon

پفدانک

bed

نڤین

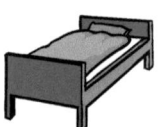

pram

کۆچک

deck of cards

لیستکا کارتێ

jigsaw

فریزبی

comic

کۆمیک

lego bricks

ئاجوورا لێگۆ

building blocks

ئاجوورا لیستۆک

action figure

بووکه شووشه

babygrow

کنجا بەبکان

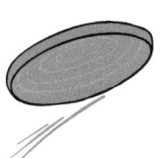

frisbee

فرزبێ

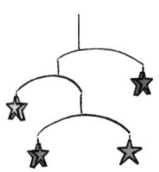

mobile

ڤەگو هەستن

board game

لیستکێن تەختە

dice

مۆر

model train set

مۆدێلا ترێنێ

dummy

مەمک

party

جەژن

picture book

کتێبا وێنە

ball

تۆپ

doll

بووکه شووشه

play

لەییستن

sandpit

کونا خیزێ

swing

جۆلانە

toys

لیستۆکان

video game console

لیستکا ڤیدەۆیی

tricycle

سێچەرخە

teddy bear

هرچا لیستوک

wardrobe

جلدانک

clothing

کنج

socks

گۆرە

stockings

گۆرە

tights

دەرپێ‌گۆرێ

scarf
شال
umbrella
چەتر
belt
قایش
t-shirt
کراس
boots
شمکال
slippers
سۆلکێ ناڤ مالێ
trainers
سۆلک

sandals

سۆلک

shoes

سۆل

rubber boots

پۆتینا چەرمێ

underpants

پانتۆلێ ژێر

bra

پێسیربەند

vest

چمکبەند

body

....

جەندەک

trousers

....

پانتۆل

jeans

....

ژەانس

skirt

....

دامان

blouse

....

کراس

shirt

....

کراس

pullover

....

فانێلە

hoodie

....

فانێلە

blazer

....

جاکێت

jacket

....

ساکۆ

coat

....

چاکەت

raincoat

....

بارانی

costume

....

لەباس

dress

....

فیستان

wedding dress

....

جلێ داوەتێ

suit

چاکێت

nightgown

پێجامە

pyjamas

پێجامە

sari

ساری

headscarf

لەچک

turban

مێزەر

burqa

هێرام

kaftan

کافتان

abaya

ئەبا

swimsuit

کنجا ئاژنێکرن

trunks

جلکا مەلەڤانی

shorts

شۆرت

tracksuit

جلا هێڤۆژکاری

apron

پێشمال

gloves

لەپک

button

دووگمە

glasses

بەرچاڤک

bracelet

بازن

necklace

گەردەنی

ring

گوستیل

earring

گوهارک

cap

دەڤک

coat hanger

هلاڤستەک

hat

کووم

tie

کراوات

zip

زیپ

helmet

سەرپارێز

braces

دەرزی

school uniform

کنجا دبستانێ

uniform

یوونیفۆرم

bib

بەردلک

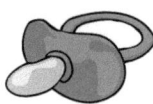

dummy

مەمک

nappy

پونداخ

office

ئۆفیس

server
پێشکەشکەر
filing cabinet
دۆلابێ بەلگە
printer
چاپەر
paper
کاخەز
monitor
نیشاندەر
desk
ماسە
mouse
مشک
folder
دەفتەر
keyboard
chair
کورسی
waste-paper basket
سەپەتا کاخەزێ
computer
کۆمپیوتەر

coffee mug

کاسکا قەهوە

calculator

هەسابکەر

internet

ئینتەرنەت

laptop

....

کۆمپوتەرا لاپتۆپ

letter

....

نامە

message

....

پەیام

mobile

....

تەلەفۆنا مۆبیل

network

....

تۆر

photocopier

....

مەکینا فۆتۆکۆپی

software

....

سۆفتوارە

telephone

....

تەلەفۆن

plug socket

....

سۆجکەتا فیشەک

fax machine

....

مەکینا فاخێ

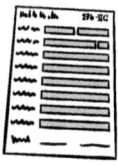

form

....

فۆرم

document

....

بەلگە

buy

کرین

pay

پەرە دان

trade

بازرگانی

money

پەرە

USD

dollar

دۆڵار

euro

یۆرۆ

JPY

yen

یەنی ژاپۆنی

RUB

rouble

رۆبلی رووسی

CHF

Swiss franc

فرانکی سویسی

CNY

renminbi yuan

یوانی چینی

INR

rupee

رووپی هندی

cashpoint

ممکینا ژخومبمرا دراڤ

bureau de change

ئۆفیسا پەرە ڤەگوهارتنێ

gold

زێڕ

silver

زیڤ

oil

نەفت

energy

وزە

price

بها

contract

پەیمان

tax

تاخ

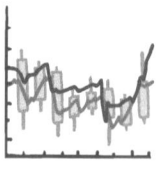

stock

سەهام

work

کارکرن

employee

کارکەر

employer

کاردا

factory

فابریکا

shop

دکان

police officer
پۆلیس
fireman
ئاگرکوژ
cook
doctor
pilot
فرۆکەڤان

gardener

باخچەڤان

carpenter

نەجار

seamstress

دروونڤان

judge

هاکم

chemist

شیمیازان

actor

شانۆگەر

bus driver

شوفێری باسێ

taxi driver

شوفێرەکی تاکسیێ

fisherman

ماسیڤان

cleaning lady

پاگژکەر

roofer

چێکری بانی

waiter

بەرکار

hunter

نێچرڤان

painter

رەنگرێس

baker

نانپێژ

electrician

کارەباڤان

builder

ئاڤاکەر

engineer

ئەندەزیار

butcher

قەساب

plumber

لوولەکار

postman

پۆستەڤان

soldier

ئەسکەر

architect

میمار

cashier

دراڤگر

florist

فرۆتکارا چیچەکان

hairdresser

پۆرچێکەر

conductor

ئاژۆڤان

mechanic

مەکانیک

captain

کەشتیڤان

dentist

پزیشکا ددانان

scientist

زانستیار

rabbi

رووهان

imam

ئیمام

monk

کەشە

clergyman

کەشیش

tools

ئامووران

hammer
چەکووچ
pliers
مووچینگ
screwdriver
spanner
ئاچەر
torch
دارا چرا

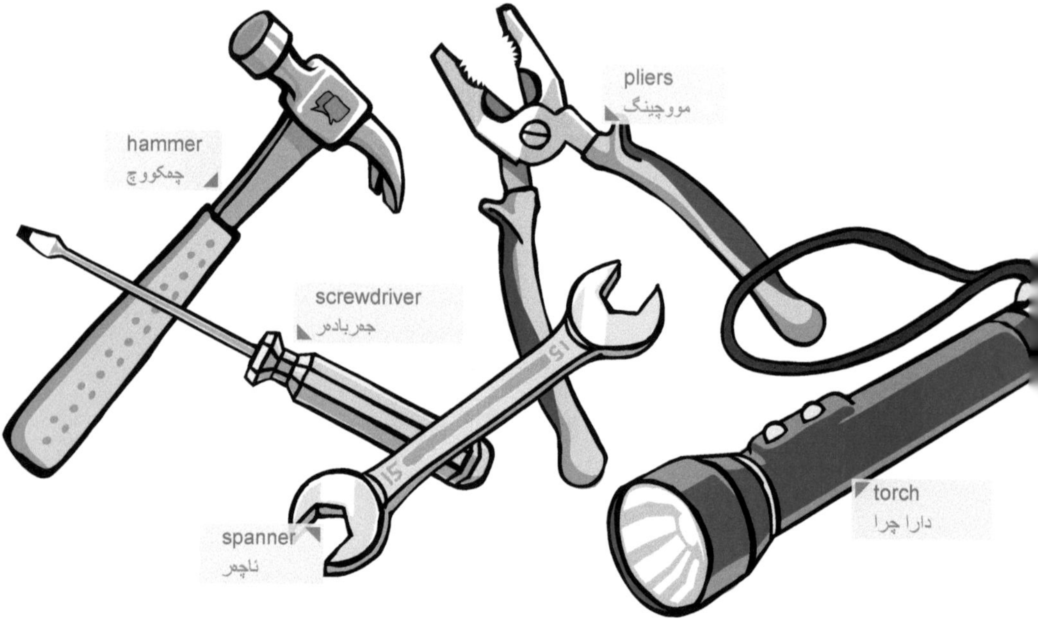

digger

شۆفەل

toolbox

قووتیا ئامووران

ladder

پەیژە

saw

مشار

nails

میخ

drill

قولکرن

repair

چێکرن

shovel

مەربێر

Damn!

نالەت!

dustpan

بێل

paint pot

قووتیا رەنگێ

screws

جەر

musical instruments

ئاموورێن مووزیکێ

loudspeaker
بلیندگو
drum kit
کۆمێ دەهۆل
guitar
گیتار
double bass
جۆرەیا گیتار
trumpet
زرنا

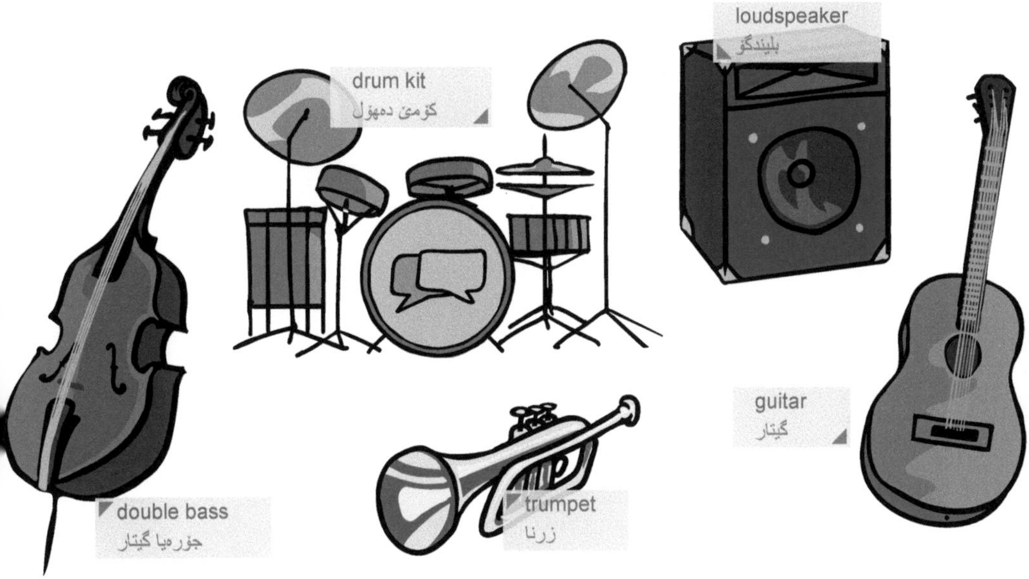

piano

پیانۆ

violin

ڤیۆلین

bass

باس

timpani

دەهۆل

drums

داهۆل

keyboard

کەیبۆارد

saxophone

ساکسۆفۆن

flute

بلوور

microphone

میکرۆفۆن

باخچا هەیوانان

tiger
پلنگ
cage
zebra
animal feed
خوارنا هەیوان
panda
پاندا
entrance

animals

هەیوان

elephant

فیل

kangaroo

کانگاروو

rhino

کەرکەدەن

gorilla

گۆریل

bear

هرچ

camel

هێشتر

ostrich

هێشترمە

lion

شێر

monkey

مەیموون

flamingo

فلامینگۆ

parrot

پاپاخان

polar bear

هرچا جەمسەری

penguin

پەنگوین

shark

سەماسی

peacock

تاووس

snake

مار

crocodile

تمساه

zookeeper

پارێزەرا باخچا ئاژالان

seal

سەیا دەریا

jaguar

پلنگ

pony

هەسپ

leopard

پلنگ

hippo

هەسپی ڕووبار

giraffe

جانەوەشتر

eagle

هەڵۆ

boar

بەرازی کێوی

fish

ماسی

turtle

کووسی

walrus

والراس

fox

ڕێوی

gazelle

خەزال

sports

وەرزش

American football
فووتبۆلی ئامەریکا
cycling
بسکلێتان
tennis
تەنیس
basketball
باسکێتبۆل
swimming
ئاڤژەنیکرن
boxing
بۆخنگ
ice hockey
هۆکەیا سەر جەمەدێ

football

....

فووتبۆل

badminton

....

بادمنتۆن

athletics

....

یێ ئاتلەتیزمێ

handball

....

هەندبۆل

skiing

....

بەفراژۆتن

polo

....

پۆلۆ

activities

چالاکیان

laugh
کەنین
jump
هلپەکە
hug
هەمبێز
walk
برێڤەچوون
sing
لاوژە گوتن
dream
خەون دیتن
pray
نمێژ کرن
kiss
ماچکرن

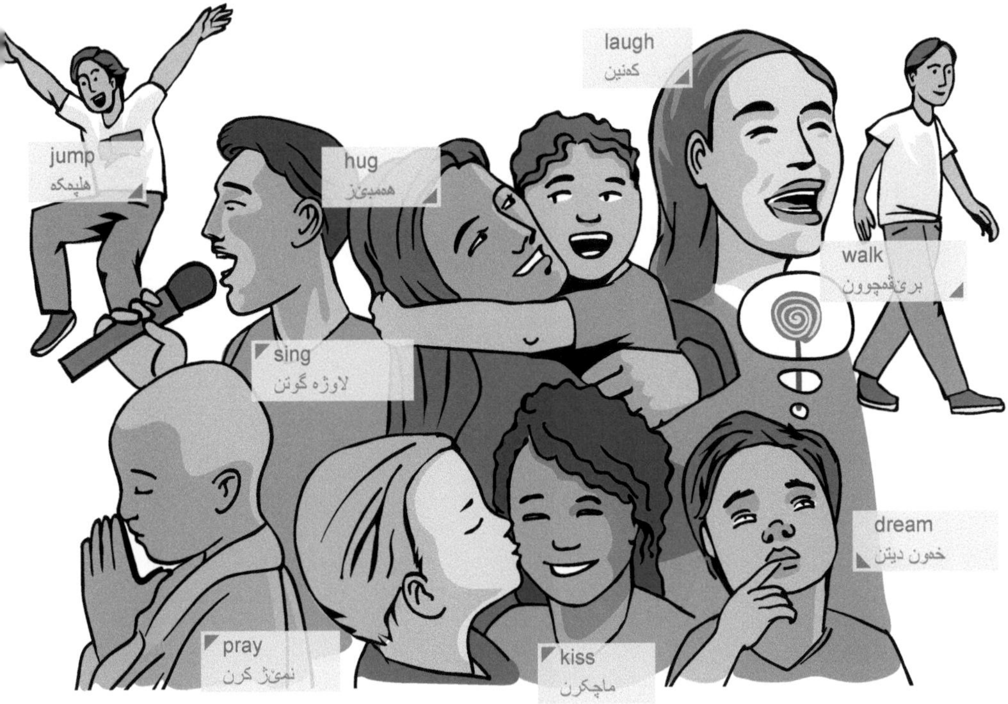

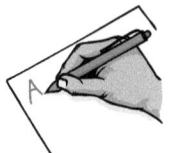

write
نڤیساندن

draw
نیگار کێشان

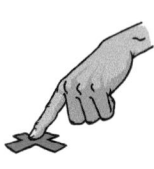

show
نیشان دان

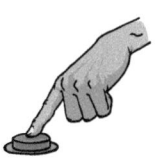

push
پالدان

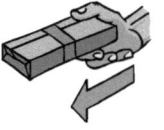

give
دایین

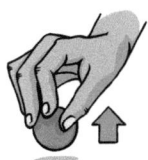

take
راکرن

have

هەبین

do

کرن

be

بوون

stand

سەکنین

run

بازدان

pull

کشاندن

throw

ئاڤێتن

fall

کەتن

lie

دەرەو کرن

wait

سەکنین

carry

گوهێزتن

sit

روونشتن

get dressed

جل بەرکرن

sleep

رازان

wake up

رابوون

look at

مێزە کرن

cry

گرین

stroke

جەلتە

comb

شە کرن

talk

پەیڤین

understand

فامکرن

ask

پرسکرن

listen

بهیستن

drink

ڤەخوارن

eat

خوارن

tidy up

کۆم کرن

love

هەزکرن

cook

خوارن چێکرن

drive

ئاژۆتن

fly

فڕین

sail

....

کەسشتیڤانی

calculate

....

هەسباندن

read

....

خواندن

learn

....

هینبوون

work

....

کارکرن

marry

....

زەوجین

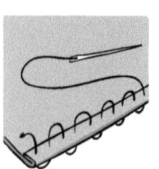

sew

....

درووتن

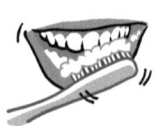

brush teeth

....

ددان شووتن

kill

....

کوشتن

smoke

....

دووخان

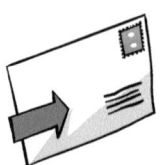

send

....

شاندن

grandmother
داپیر
grandfather
باپیر
father
mother
baby
daughter
کمچ
son
کور

guest

مێڤان

aunt

ممت

uncle

ئاپ/خال

brother

برا

sister

خوشل

body

بەدەن

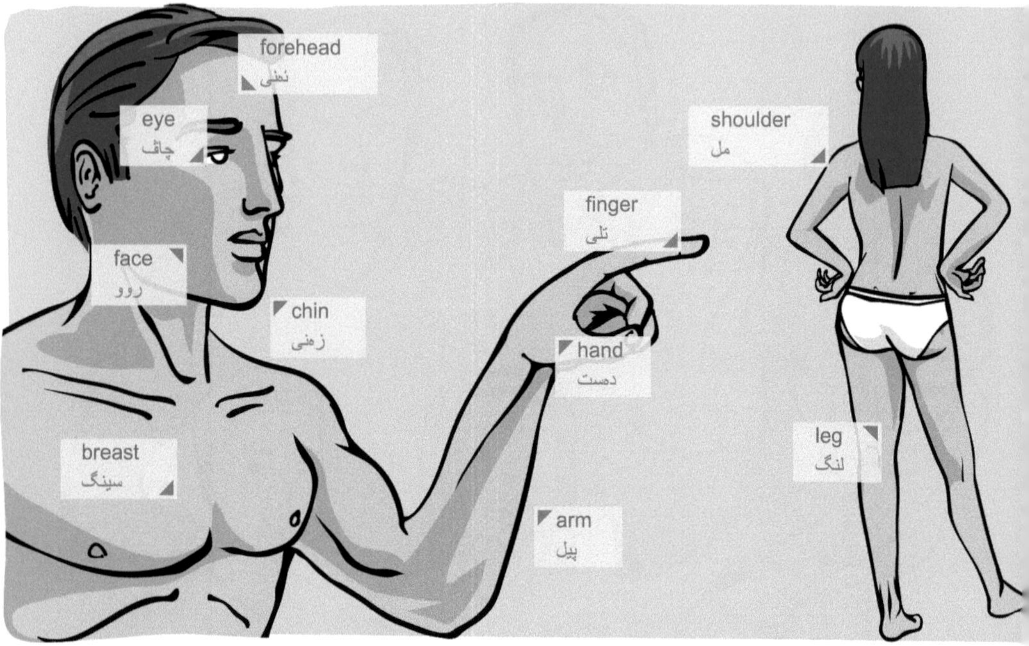

forehead

نُطلی

eye

چاڤ

shoulder

مل

finger

تلی

face

روو

chin

زمنی

hand

دەست

breast

سینگ

leg

لنگ

arm

پیل

baby

بەبمک

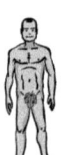

man

مئر

woman

ژن

girl

کمچ

boy

کوڕ

head

سەر

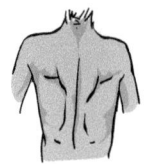

back

پشت

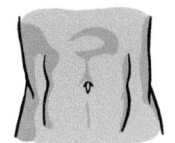

belly

زک

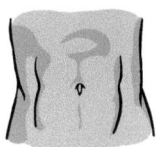

belly button

ناڤک

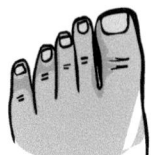

toe

تلیا پێ

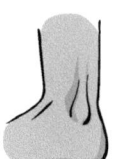

heel

پانی

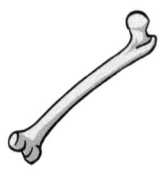

bone

هەستی

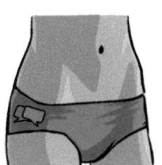

hip

کوولیمەک

knee

ژوونی

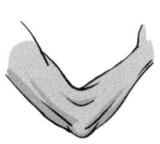

elbow

ئەنیشک

nose

دفن

bottom

قوون

skin

چەرم

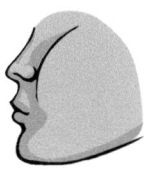

cheek

روو

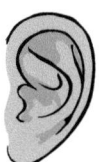

ear

گووه

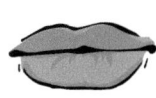

lip

لێڤ

mouth

دەڤ

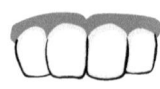

tooth

دران

tongue

زمان

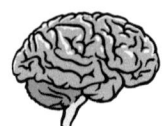

brain

مێژی

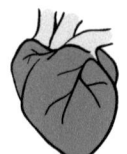

heart

دل

muscle

ماسوول

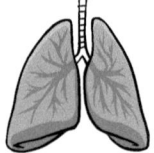

lung

جیگەرا سپی

liver

جەگەر

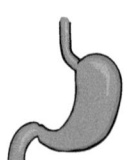

stomach

مادە

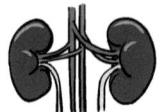

kidneys

گوورچکان

sex

جۆتبوون

condom

کۆندۆم

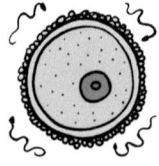

ovum

هێک

semen

تۆڤ

pregnancy

دووجانی

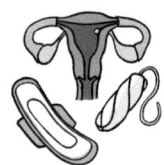

menstruation

....

ئادە

vagina

....

قووز

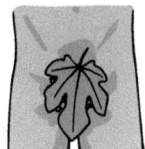

penis

....

کیر

eyebrow

....

برۆ

hair

....

پۆر

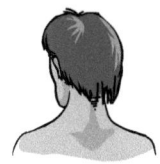

neck

....

هووستوو

hospital

نەخۆشخانە

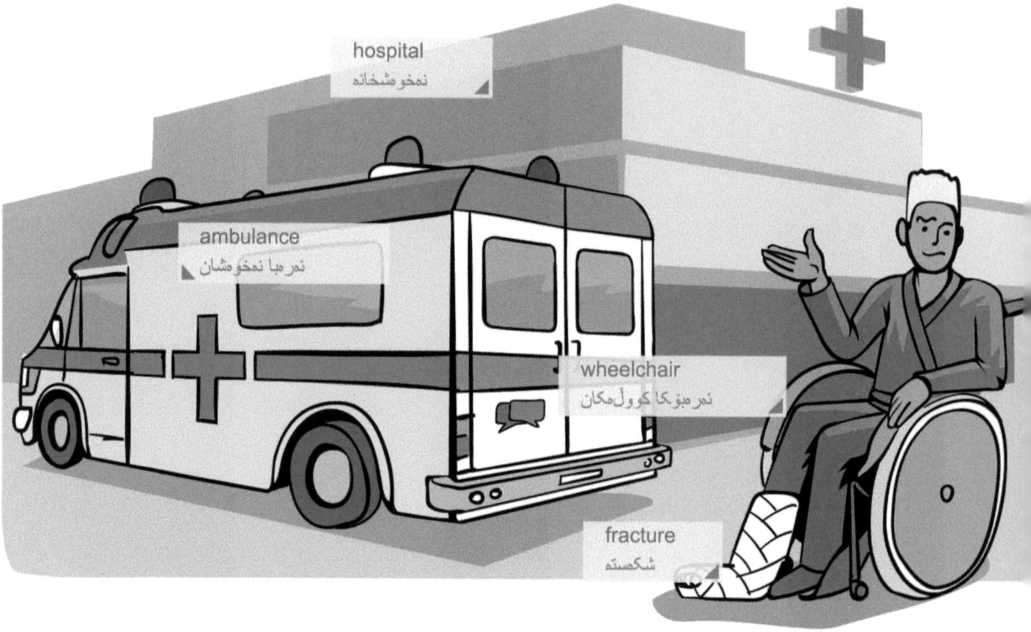

ambulance
ئەرەبا نەخۆشان
wheelchair
ئەرەبۆکا کوولەکان
fracture

doctor

بژیشک

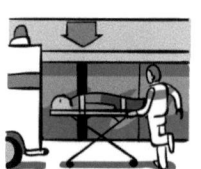

emergency room

ئۆدا لەزگینێ

nurse

نەخۆشیار

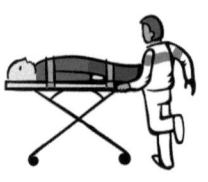

emergency

ئاجیلییەت

unconscious

بێهای

pain

ئێش

injury

برین

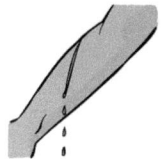

bleeding

خوێنپژان

heart attack

هێرشا دلی

stroke

جەلتە

allergy

ئالەرژی

cough

کوخک

fever

تا

flu

زکام

diarrhoea

ناڤچووین

headache

سەرێش

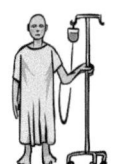

cancer

قانسێر

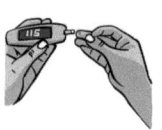

diabetes

نەخوەشیا شەکرێ

surgeon

ئەمەلیکار

scalpel

سکالپێل

operation

ئەمەلی

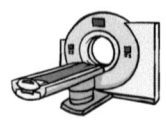

CT

جت

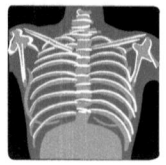

x-ray

سوورەتیٚ رۆنتگیٚن

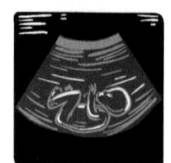

ultrasound

ئوولترِاساوند

face mask

ماسکیٚ روویێ

disease

نەخوەشی

waiting room

ئۆدا سەکنینێ

crutch

گۆچان

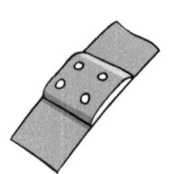

plaster

شێل

bandage

پاچێ برینپێچانێ

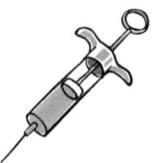

injection

دەرزی

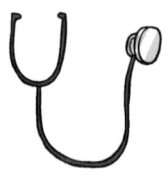

stethoscope

بیستۆکا پزیشکی

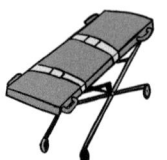

stretcher

داربەست

clinical thermometer

تێهنپیڤا کلینیکێ

birth

زایین

overweight

قەلەو

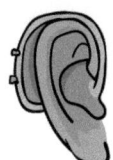

hearing aid

....

ئالیکاریا بهیستنێ

disinfectant

....

باکتەریکوژ

infection

....

کۆتیبوون

virus

....

ڤیرووس

HIV / AIDS

....

هڤ / ئادس

medicine

....

دەرمان

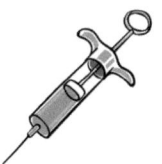

vaccination

....

کوتان

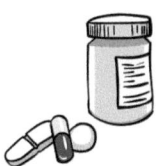

tablets

....

هەبان

pill

....

هەب

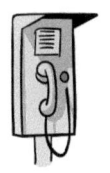

emergency call

....

لەزگین

blood pressure monitor

....

دیمەندەرێ پەستۆ خوین

ill / healthy

....

نەخوەش / ساخ

emergency
ئاجىلىيەت

Help!

ھەوارا!

alarm

ئالارم

assault

ئۇرىش

attack

ئۇرىشكرن

danger

تالووك

emergency exit

دەركەتنا ئاجل

Fire!

ئاگر!

fire extinguisher

ئاگر ۋەمراندنى

accident

قەزا

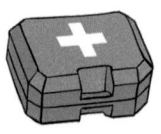

first-aid kit

ئالەتىن ئاليكاريا يمكەم

SOS

سۆس

police

پۆليس

Europe

ئەورۆپا

North America

ئامەریکایا باکوور

South America

ئامەریکایا باشوور

Africa

ئافریکا

Asia

ئاسیا

Australia

ئاوسترالیا

Atlantic

ئاتلانتیک

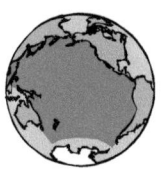

Pacific

ئۆکیانووسا مەزن

Indian Ocean

ئۆکیانووسا هندی

Antarctic Ocean

ئۆکیانووسا ئانتارکتیکا

Arctic Ocean

ئۆکیانووسا ئارکتیک

North Pole

جەمسەرا باکوور

South Pole

....

جەمسەرا باشوور

Antarctica

....

ئانتارکتیکا

Earth

....

ئەرد

land

....

ئاخ

sea

....

بەهر

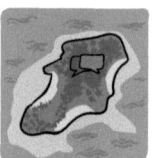

island

....

دوورگە

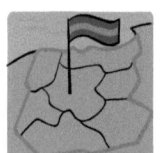

nation

....

مڵلەت

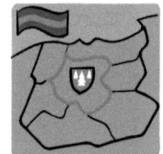

state

....

وەڵات

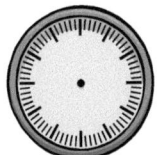

clock

ساەت

clock face

روویێ ساەت

hour hand

نشاندەرکا دەمژمێر

minute hand

نشاندەرکا دەقە

second hand

نشاندەرکا سانیە

What time is it?

سێت چەندە؟

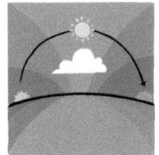

day

رۆژ

time

دەم

now

نها

digital watch

ساەتێ دجیتال

minute

دەقە

hour

سێت

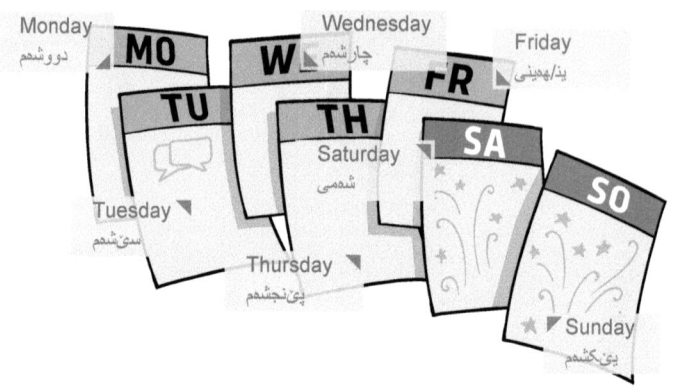

week

هەفتە

MO
TU
W
TH
FR
SA
Monday
دووشەم
Tuesday
سێشەم
Wednesday
چارشەم
Thursday
پێنجشەم
Friday
یێ/هەینی
Saturday
شەمی
Sunday
یێکشەم

TUE
MON

yesterday
....
دوه

TUE

today
....
ئیرۆ

TUE

tomorrow
....
سبەی

morning
....
سبه

noon
....
نیڤرۆ

evening
....
ئێڤار

business days
....
رۆژێن کارێ

weekend
....
داویا هەفتە

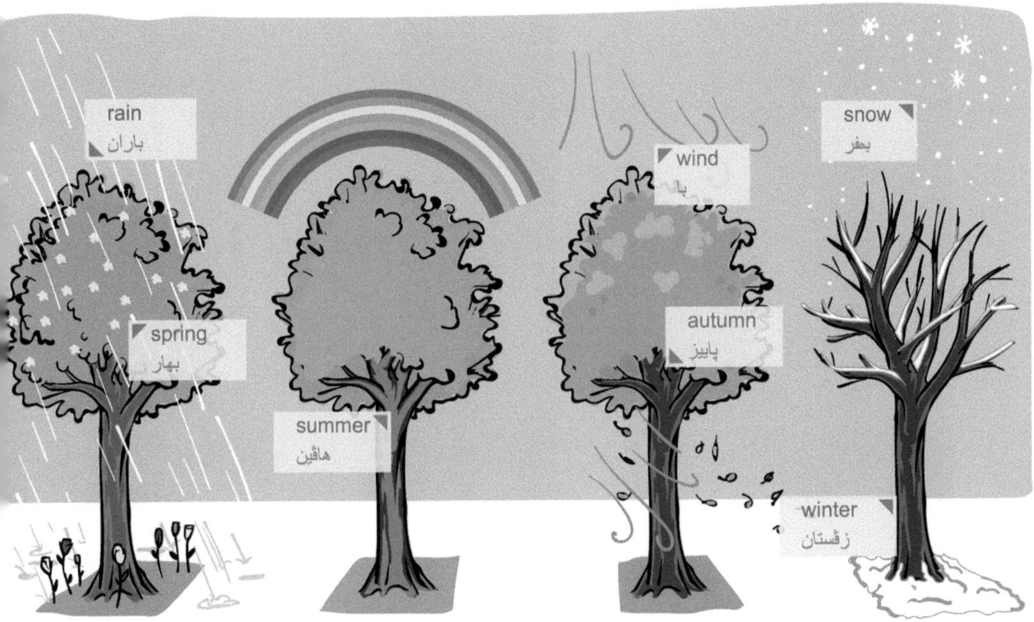

rain
باران
spring
بهار
summer
هاڤین
wind
با
autumn
پاییز
snow
بەفر
winter
زڤستان

weather forecast

پێشبینیا هەوا

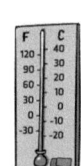

thermometer

تەمهنپێڤ

sunshine

تاڤ

cloud

هەور

fog

مژ

humidity

هێمی

lightning

برق

thunder

برووسک

storm

تۆفان

hail

تەرگ

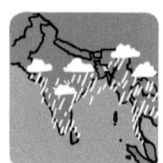

monsoon

مانسوون

flood

لەهی

ice

جەمەد

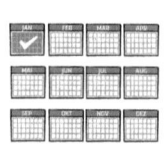

January

رێبەندان

February

ڕەشەمە

March

نەورۆز

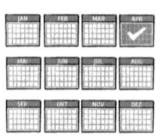

April

گولان

May

جۆزەردان

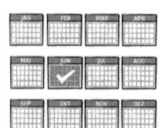

June

پووشپەر

July

گەلاوێژ

August

خەرمانان

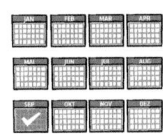

September

ڕەزبەر

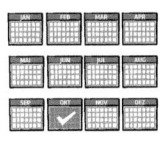

October

کەوچێر

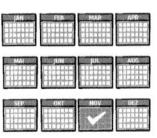

November

سەرماوەز

December

بەفرانبار

shapes

شێوە

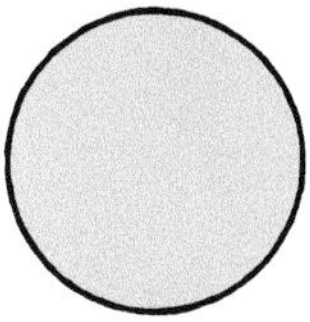

circle

چەمبەر

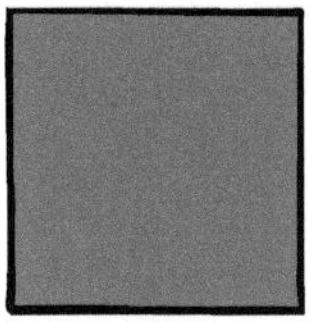

square

چارچک

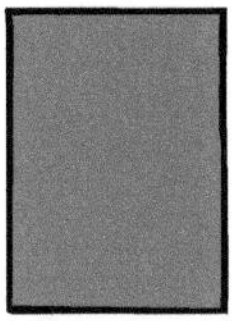

rectangle

چارقۆزی

triangle

سێقۆزی

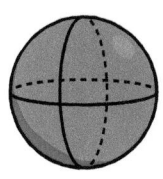

sphere

قادا

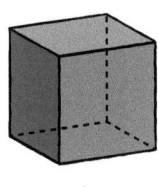

cube

خشتەک

colours

رەنگان

white

سپی

yellow

زەر

orange

پرتەقالی

pink

پەمبە

red

سۆر

purple

مۆر

blue

شین

green

کەسک

brown

قەهوەیی

grey

گەور

black

رەش

opposites

بەرامبەران

a lot / a little

زۆر / کەم

angry / calm

ب هێرس / بێدەنگ

beautiful / ugly

بەدەو / نەرند

beginning / end

دەستپێک / داوی

big / small

مەزن / بچووک

bright / dark

رۆنی / تاری

brother / sister

براک / خوشک

clean / dirty

پاگژ / گرێژ

complete / incomplete

تەڤی / نەتەمام

day / night

رۆژ / شەڤ

dead / alive

مری / زندی

wide / narrow

فره / تەنگ

edible / inedible

....

خوەش / نەخوەش

evil / kind

....

نەباش / باش

excited / bored

....

ب هەیەجان / ئاجز

fat / thin

....

قەلەو / زراڤ

first / last

....

یەکەمین / داوین

friend / enemy

....

هەڤال / دژمن

full / empty

....

تژی / ڤالا

hard / soft

....

رەق / نەرم

heavy / light

....

گران / سڤک

hunger / thirst

....

برچی / تینی

ill / healthy

....

نەخوەش / ساخ

illegal / legal

....

نەقانوونی / قانوونی

intelligent / stupid

....

رەوشەنبیر / بالوولە

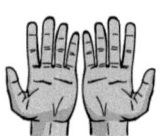

left / right

....

چەپ / راست

near / far

....

نێزی / دوور

new / used

نوو / بکارهاتی

nothing / something

هیچ / تشتەک

old / young

کال / جوان

on / off

ل / ژ

open / closed

ڤەکری / گرتی

quiet / loud

ئارام / دەنگبلند

rich / poor

دەولەمەند / رەبەن

right / wrong

راست / شاش

rough / smooth

دڕ / هلوو

sad / happy

خەمگین / شا

short / long

کورت / درێژ

slow / fast

هێدی / زوو

wet / dry

شل / زوا

warm / cool

گەرم / هێنک

war / peace

شەڕ / ئاشتی

numbers
هەژماران

0 zero سفر	1 one یەک	2 two دوو
3 three سێ	4 four چار	5 five پێنج
6 six شەش	7 seven هەفت	8 eight هەشت
9 nine نەه	10 ten دەه	11 eleven یازدە

12

twelve

دازده

13

thirteen

سێزده

14

fourteen

چارده

15

fifteen

پازده

16

sixteen

شازده

17

seventeen

هەفده

18

eighteen

هەژده

19

nineteen

نۆزدەه

20

twenty

بیست

100

hundred

سەد

1.000

thousand

هەزار

1.000.000

million

ملیۆن

languages

زمانان

English
....
ئینگلیزی

American English
....
ئنگلیزیا ئامەریکی

Chinese Mandarin
....
چینی ماندارین

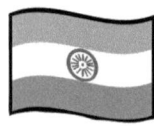

Hindi
....
هیندی

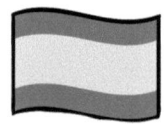

Spanish
....
ئیسپانیۆلی

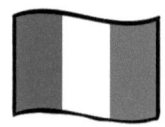

French
....
فرەنسی

Arabic
....
ئەرەبی

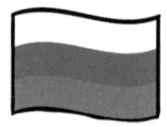

Russian
....
رووسی

Portuguese
....
پۆرتوگالی

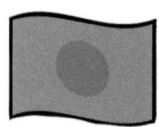

Bengali
....
بەنگالی

German
....
ئەلمانی

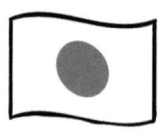

Japanese
....
ژاپۆنی

I

من

you

تو

he / she / it

ئەو / ئەڤ / ئەو

we

ئەم

you

تو

they

ئەو

who?

کی؟

what?

چ؟

how?

چاوا؟

where?

کیدەرێ؟

when?

کەنگی؟

name

ناڤ

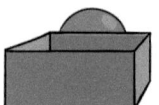

where

کوو

behind

پشتی

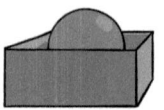

in

in front of

پێشی

over

سەر

on

سەر

under

بن

beside

کێلەک

between

ناڤبەر

place

جە